Hetzschrift

Epi Demi

Hetzschrift

Bibliografische Information der Deutschen Nationalbibliothek
Die Deutsche Nationalbibliothek verzeichnet diese Publikation
in der Deutschen Nationalbibliografie; detaillierte bibliografische
Daten sind im Internet über http://dnb.d-nb.de abrufbar.

2. Auflage

© 2011 Epi Demi
Herstellung und Verlag: Books on Demand GmbH, Norderstedt
ISBN 978-3-8448-8251-3

Gesellschaftskritik

Von

Epi Demi

Inhaltsverzeichnis

Und doch war das Produkt mehr...

... als die Summe der Faktoren allein

Wenn man in dem gefangen war und ist, was von dem einen oder anderen, vielleicht sogar von einer verklärten Mehrheit, als das Leben bezeichnet werden wird, dann wird einem nach einer gewissen Zeit klar, dass alles was je geschah, geschieht und geschehen wird:

1. schon einmal da gewesen ist
2. im Grunde so trivial, stupide und alt ist wie die Menschheit selbst ist
3. immer wieder auftauchen wird

Dies ist eine These, welche nicht nur im größeren, bedeutsamen Rahmen Anwendung findet, sondern auch genauso im kleinen, unwesentlichen, privaten Bereich. Es bezieht sich auf fast alles, außer auf Erfindungen, die wirklich etwas Neues hervorbringen. Sowie auch auf neue Erkenntnisse in Bezug auf ewig gegenwärtig gewesene Phänomene, welche erst heute durch die Wissenschaft erkenntlich geworden sind.

Ich meine einfach die dumme Routine des Lebens, das Dreiviertel der Verlierer im Kapitalismus, welches bestehen muss, bis begriffen wird, dass es zu spät ist sich zu verwirklichen und nur mit Gewalt die Verklärung gestürzt werden kann. Mann geht täglich einen Schritt über den Abhang hinaus und weiß, dass jene Rettung aus dem Schlechten des Täglichen in einer Variablen der Unmöglichkeit verborgen liegt. Zumindest im Unterbewusstsein ahnt jeder von uns diesen Betrug an der eigenen Person und an seinen Leidensgenossen des unteren Dreiviertels. Um die Objektivität des Realismus zu trüben gibt es hier Wandler welche objektive zu betrachtende Problematiken in subjektive wahrgenommene (das es an der eigenen Person liege) wandeln, Namens : Alkohol, mediale Verdummungsmaschinerien, hier irrtümlich als Propaganda bezeichnete Meinungsmodifizierungen und viele weiteren, uns allen bekannten Arten von Transformatoren und Modifikationen. Typische Bezeichnung auch: TV (Ist hier der Blinde unter den Sehenden König?) Auf die Frage was den glücklich mache (von internem Glück abgesehen, wie Heirat, Kinder. Hier geht es um äußere Faktoren) gibt es eigentlich nur 2 Antworten:

1.   Dummheit, welche verhindert die großen Zusammenhänge zu begreifen und es zulässt auch mit dem was geschieht glücklich zu werden

2.   Geld, welches repräsentativ für Raum, Zeit, Selbstverwirklichung und äußere Ruhe steht.

Sei bescheiden und übe Zurückhaltung, ist das, was vielen einfallen wird. Dies ist etwas was sich der Realität entzieht, da es nur real ist, wenn es aus einer Möglichkeit heraus entsteht, sonst ist es Fügung oder Resignation vor der Konstanten des Arm Seins. Anders: Hat man die Wahl sich für Reichtum oder Verzicht zu entscheiden wäre es reale Bescheidenheit, wenn man sich für Verzicht entschiede. Versucht man danach zu leben weil dies ein Zwang ist und man keine andere Möglichkeit hat, dann ist es tatsächlich keine freie Entscheidung, man hat nur keine Wahl und lebt in der einzigen Möglichkeit.

Die vielen Verschuldungen in der Bevölkerung sind doch eigentlich nichts anderes als der klägliche Versuch sich zu entfalten und zu verwirklichen, mit Mitteln, die dem innersten Anspruch des menschlichen Glück im Sein nie gerecht werden können. Da das inszenierte Glück als Schauspiel des Konsumantriebs der Wirtschaft keine Befriedigung verschaffen kann, sonst würde das Verlangen erlöschen und nichts würde mehr gekauft.

Konsumterror als Substitut kann nicht befriedigen, ebenso wenig wie Status als Ersatz für Menschlichkeit.

Love   Success   a n d   Happiness

Wobei hier der Erfolg nicht in Geldeinheiten zu messen ist, da dies sicherlich absolut vermessen ware.

Warum eigentlich diese Korrelation...

... warum es aus dem Nichts kaum etwas zu erschaffen gibt.

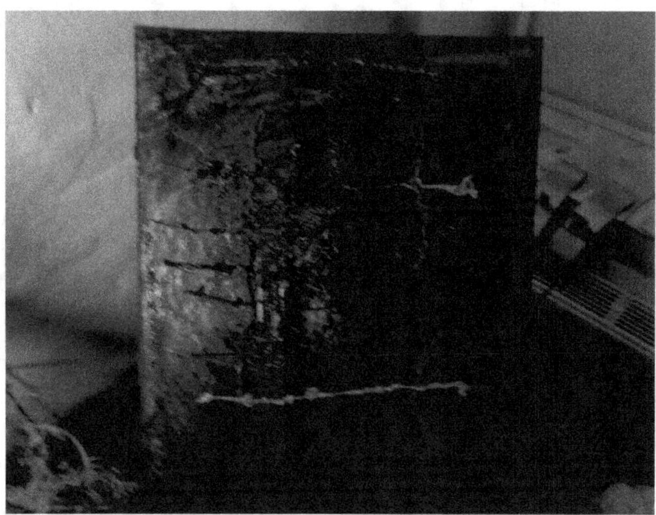

Personen, die sich vor der Institution Arzt verneigen, des Arztes Sohn mit an 100 % Wahrscheinlichkeit grenzender Sicherheit auch Arzt werden wird und, der Verneigende froh ist, wenn sein Sohn den Realschulabschluss schafft und hoffentlich eine Lehre bekommt, ahnt nicht den Betrug.

Mittel schafft Möglichkeit, Menschen werden vom Umgang geformt und formen ihn zugleich. Wie würde die Entscheidung ausfallen, wären dem Handwerker durch vorhandene Mittel, stellvertretend für Möglichkeiten stehend als Medium des Kapitalismus, andere Möglichkeiten gegeben. Würde er seinem Sohn etwas der gleichen Art wie der Arzt seinem Sohn zukommen lassen, eine wirkliche Sicherheit fürs Leben, Studium, Umgang, Umfeld? Wüsste er nur wie richtig es wäre... Doch muss der Sohn aus dem Proletariat schnell schaffen, es gibt keine Zeit zu verlieren, denn diese steht für Geld und das ist nicht vorhanden. Er muss nämlich genauso, wie die die vor ihm Geld verdienten es gleich tun. Ehrliche Arbeit, erledigt durch die fleißige Hand. Der Lohn??? Armut im Alter!!! Wofür??? Nichteinmal die Erlösung im Jenseits steht auf der anderen Seite der Gleichung. Es muss unweigerlich zum Kampf kommen.

Was hier fehlt ist die Weitsicht, jede Mühe, welche in die Bildung des Kindes investiert wird, schafft Wohlstand für die Nachkommen und Generationen, welche doch so oder so folgt. Nur darf der Ursprung nicht vergessen werden, sonst verfiele der Garant für ausgeübte Gerechtigkeit nur all zu schnell.

Das Verlassen einer angeborenen sozialen Schichtzugehörigkeit ist nicht unmöglich, dennoch unwahrscheinlich, durch jenen Bedarf an Menschen, die ein 3/4 der Gesellschaft ausmachen und ARM sein müssen, um es 10% der Gesellschaft zu ermöglichen 90 % des Reichtums zu besitzen. Der Rest dümpelte in der Mittelschicht. Wo ist das Geld, es kann nicht weniger werden und der Wert würde nur durch eine Inflation vehement gesenkt. Unsere Währung "scheint" stabil, höherwertiger als der Dollar. (Die Prognosen für die nächsten 5 – 10 Jahre sehen verheerend aus)

Wo ist das Geld???

Die Arbeiter haben es nicht. Umverteilt, aber nicht nach einem Wohlfahrtssystem. Reichtum verpflichtet zu karitativem Handeln. Hier ist es leider eher das karikative. Aber die meisten Reichen scheißen auf Menschen fernab ihres Standes und freuen sich über jeden Tag, an dem Sie reicher durch Ausbeutung anderer werden. Lohnsklaven werden hier als Arbeiterarmee der reichen Großkapitalisten gezüchtet, eigentlich ist jede ABM Maßnahme als Zwangsarbeit zu werten und dient nur dem Zweck, Deutschland als Standort für die Wirtschaft atraktiv zu gestalten. Wer will mit China und Indonesien denn im Dumpinglohnbereich konkurrieren?

Sicherlich nicht die Lohnsklaven, es sind die Kapitalisten, die Politik ist längst gekauft, das schäbige Spiel der Heuchellei längst in gange, steht auf...

Wie soll es einem, der schon in der Jugend durch seine eigene soziale Stellung Demütigungen erfuhr und dadurch folgende Minderwertigkeitskomplexe entwickelte (nichts haben, nichts sein), vergönnt sein großes mit den entsprechenden Voraussetzungen zu leisten?

Kann sich ein genialer Geist, egal unter welchen Bedingungen, entfalten???
(genial im Sinne der individuellen Begabung die ein jeder von uns innehat)

Müssen sich diese Menschen beim Hauch von Geld zwangsläufig zu jenen zu verachtenswerten Geschöpfen verwandeln, welche nicht nur in Institutionen krochen, sondern auch anderswo durch ungesunde Arroganz abstoßen und das künstlich am Leben erhaltene Gedankengut der Bourgeoisie weitertragen und jedwehe natürlich evulotionäre, emotionale Entwicklung des Menschenbildes vor allem hinsichtlich der Weltanschauung unterdrücken?

Wo ist die Ruhe und die Gesundung in der Gesellschaft, welche es braucht um nicht dem Schlechten zu verfallen. Aber antatt sich dem versöhnlichen Gedanken hinzugeben, jene Kette der Aggressionen habe ein Ende und würde nicht zu neuem Leid führen, wird von oben destruktiver Egoismus doktruiert. Sich zu Besinnen scheint in diesem Chaos unmöglich zu sein, es ist so schwerlich möglich, Erkenntniss zu gewinnen. (wenn nicht bitte hier Text einfügen)

Was Gerechtigkeit bedeutet ...

... warum es so etwas nicht geben kann!

Wollte man Gerechtigkeit vielleicht trivial definieren, so könnte man sich vorstellen, es bedeute: ginge ein gesunder, menschlicher Verstand mit der entsprechenden Kompetenz von folgendem Kinderreglement aus: Das jenes was er dem anderen zufüge käme hic et nunc zu ihm auf gleiche Art und Weise zurück. Würde jemand etwas Schlechtes vollbringen, erginge es ihm schlecht. Emphatie oh du Süße Versuchung des Guten.

Die Frage wer achtenswert ist und wessen Rechte der Sprechung gemäß wie zu behandeln wären, ist, entgegen dem moralischen Sinnverstand, abhängig von der wirtschaftlichen Situation, dem Auftreten und seiner sozialen Stellung.

Stellen wir uns 2 Hauptdarsteller vor, unterschiedliche Charakteere, jedoch im selben Setting agierend, der eine stinkend reich, der andere keuchend arm:

Einen Richter und einen Obdachlosen....

Nein, zu klar, anders: Obwohl dieses Beispiel so treffend und richtig ware, wie es in der Praxis nicht nur einmal erwiesen worden ist (meist durch sich selbst, bewiesen durch reinen Ablauf, durch pure Existenz). Stellen wir uns einen Handwerker und einen gut bezahlten Manager vor, welcher in keinem staatlichen Unternehmen tätig ist.

Jener Handwerker beklagt einen Einbruch in seiner Garage, welche nur schwer erwirtschaftet werden konnte und allein deshalb zum geschätzten Gut dieser Person gehört. Der Schaden, welcher festgestellt wurde, untergräbt die Kosten, welche durch eine Ermittlung anfallen würden. Es ist kein Kapitaldelikt und macht nur einen geringen Wert aus. Der Schaden beläuft sich auf 7000 €. So unterscheidet sich hier ganz klar der nominale Schaden vom reellen Schaden, da es leidlich schwer sein dürfte, über Jahre erarbeitetes Besitztum, subito wieder zu erwerben.

Der oben beschriebene Manager hatte sich von seinem siebenstelligen Jahresgehalt einen neuen Benz und einen Garagentrakt gekauft, ein eher lächerlicher Betrag für ihn, da sein wirtschaftliches Konsumpotential weitaus mehr zuließe.

An eben jenen Garagentrakt bemerk der Manager nun einen Einbruch.

Der Schaden beläuft sich auf 50 000 Euro, da es sich hier um einen entwendeten Benz und nicht um einen alten Golf handelt, wird dies als Kapitaldelikt deklariert und untergräbt keinesfalls die Kosten der Ermittlung.

Dies hier der Tatsache zum Trotze, dass der reelle Schaden immens kleiner ist als der vom Arbeiter, jedoch ist der nominale Wert um einiges höher.

Nun muss gewusst sein, dass abhängig von der schwere eines Verbrechens die Mittel der Ahndung (Verfolgung) intern aufgewogen werden. Es ist klar, dass dem Ladendiebstahl nicht die gleiche Aufmerksamkeit zuteil wird wie einem Mord, jedoch ist hier eher die moralich, ethischee Kopomente entscheiden. Im Beispiel wird aber klar, dass Reich und Arm unterschiedlich behandelt werden und das ganz klar von Gesetzes wegen, obwohl dies im krassen Gegensatz zum Grundgesetz steht:

Gleichheit aller Menschen. (leider nur fiktiv)

Resümee in Frageform:

Wer kann sich nicht wehren? Kann es als gegebene Realität betrachtet werden, selbst wenn solche Erfahrungen einen selbst noch nicht ereilt haben? Welche Gerechtigkeit erfahren die Untersten in unserer Gesellschaft? Fast wäre ich auf jene Frage des Zutuns seitens der Politiker bezüglich unserer schlechten wirtschaftlichen Lage eingegangen, jedoch ist es fair wenn man bei ca. 6000 Euro auf unbestimmte Zeit monatlich keine Gehaltserhöhung bekommt und im gleichen Atemzug bei allen anderen Institutionen kürzt. Vor allem wenn man sagt, Jugendliche würden keinen Alkohol mehr kaufen erhöhe man nur die Steuer darauf. Selbiges ist natürlich im Kontext auch auf Zigaretten bezogen gültig.

DAS IST FAIR. DA KANN MAN EINFACH NICHTS ANDERES DAZUSAGEN.

Bei 100000, progressiv und mehr

… Trotzdem ist das Realeinkommen gesunken!

(fiktiv)

Oh wie arm, jene uns so vertraute Wüste, scheinst du im kalten Winter der Machtlosigkeit.

So vertraut und ungehemmt, hast mit Sorgen uns Kleine überschwemmt.

Schlägst zu, keine Sonne mehr scheint, Gerechtigkeit jene eiserne entfernte Schönheit.
In lottrigen Kleidern und völlig versifft.

Mit machtvoller Kraft, den Mittelstand trifft 's.

Zu Unterst längst nichts zu holen mehr gab, die goldene Ära sich dreht im Grab.
Mundraub wurde abgeschafft, wer Essen stiehlt der wird bestraft.

Progressivität ist jenes Wort, gleich Gerechtigkeit – findet statt an anderem Ort.

Und die Moral von dem Gedicht: Mittelstand ist längst Geschicht
(dichterische Freiheit).

Was bedeutet Realeinkommen und Gerechtigkeit schon im folgenden Vergleich:

Ein normaler Arbeiter verdient mit vielen Überstunden 1200 Euro Netto und ist dankbar sich sein (Über)Leben noch leisten zu können.
Ein Großverdiener, welcher selbst evtl. nicht mehr selbst zum Dienste antreten muss hat (fiktiv) monatlich 7000 Euro Netto. Großverdiener mit 7000 Euro gereicht hier auch nur zum Spott, es wären eher 70 000 Euro.

Ob ein Einkommen verdient ist oder nicht steht außerhalb jener Fragestellung, die den einen oder anderen interessanten Aspekt ans Licht des Tages führte. Kann es sich der Arbeiter erlauben eine Lohnsteuererhöhung von 10 %, unauffällig verteilt auf 5 Jahre, in Kauf zu nehmen?

Die Realität seines Einkommens sieht so wohl schon traurig genug aus. Der Großverdiener hätte bei größerem Gezeter nur einen kleineren Verlust seiner Lebensqualität einzubüßen, da der Arbeiter arbeitet um zu überleben und der Großverdiener Arbeitet um zu leben. Hierbei ist wichtig, dass der restliche Prozentsatz von dem was übrig bleibt beim Großverdiener immens mehr ausmacht als beim "normalen" Arbeiter. Obwohl der Anteil des Lohnsteueranteils, in Geldwert, beim Großverdiener viel höher ausfällt als beim normalen Arbeiter.

Ein Handwerker ist am Ende seiner Karriere meist körperlich zerstört und kämpft dann häufigst mit den Folgeerscheinungen seiner Belastung durch jahrzehnte lange Arbeit und Abnutzung des Körpers. Diese Zerstörung ist für das verachtenswerte bischen an Geld und Rente nicht gerechtfertigt. Es wird gelogen wenn es heißt, es stünde jedem frei alles zu werden!!! Es gibt keine Chancengleichheit. Wacht auf!!!

Es gibt Untersuchungen an den Schulen in Deutschland, aufgrund welcher Kriterien gymniasale Empfehlungen ausgesprochen werden, zu mehr als 1/3 durch gradiuierte akademiker Eltern, deren Kinder dann wohl einen ähnlichen Weg einschlagen werden. Wie fair!!!

Zumal Der Arbeiter sich fragen würde, wo das Kartellamt war, als alle Ketten, Konzerne und Einzelhändler den Euro prostituierten um große Kasse zu machen, jedoch geht auch diese Frage ins Leere. Denn es war ja nicht genug wenig zu verdienen, nein, der Reallohn musste ja durch die Einbußen der Währungsumstellung weiterhin gekürzt werden. Im Namen des Volkes!!! Lachhaft!!!

Warum sind alle so ruhig geblieben, in Frankreich hätten die Vororte gebrannt, hier lassen sich alle wie die Lämmer zur Opferbank führen….. Steht auf….

Das Kartellamt ist schließlich staatlich und dazu da, eine akkurate Vorgehensweise zu garantieren. Wer kontrolliert die Legislative??? Niemand!!! Es ist gottgleiche Macht konzentriert in den Händen weniger, gehört diese doch aber in aller Hände, nur so lässt sich ein Mißbrauch, der sich täglich offenbart, verhindern. AUCH HIER IST FAIR NUR FAIR! ! !

1000 fromme Wünsche und ein Versprechen gratis ...

... Auf der Karte stehen heute Schuld oder Unschuld.

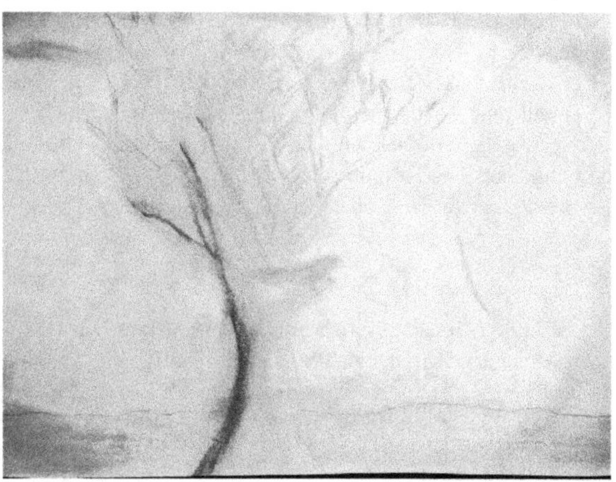

Die Armen werden ärmer und die Reichen reicher. Werden die Reichen durch harte Arbeit reicher???

Ja, aber nicht durch ihre eigene. Der durchgeführte Betrug durch den Staat als Vorbild, lässt so manchen an der Moral in diesem Land zweifeln. Politik = Wirtschaft, da bleibt der humanitäre Einfluss mal leicht auf der Strecke. Partielle Ineressen die nach Gerechtiglichung schreien und nach Verwirklichung im eigenen Leben betteln müssen, zumindest vielleicht nach der Chance, sind schnell gekanzelt, wenn das Überleben schwerer wird verstummen auch solche Aufrufe….

Staat, hier wird beschissen, kleine haben die Wahl nach Vorbild des Großen schlecht oder gut zu sein, → Umgang formt... Aber wer wie bestraft wird? Gleichheit? Hmm, also ich habe bei diesem Gedanken nicht das Gefühl von Gerichtigkeit in mir.

Was du nicht will das man dir tut das tu auch keinem anderen zu.

Hmmm, tolle Grammatik, dennoch schick und eigentlich einem zugedachten Leitsatz aus besseren Tagen: Auge um Auge, Zahn um Zahn. Denn Altes bewährt sich, Bücher können zwar umgeschrieben werden, jedoch die Wahrheit bleibt bestehen. Wenn man etwas erreichen möchte, muss man bereit sein in Aktion zu treten. Wie sehr tangiert eine stille Demonstration zum gebrochenen Menschenrecht in Deutschland durch Zwangsarbeit (ABM) wohl die Regierung??? Jeder, der Menschen durch diese Maßnahmen versklavt, ist ein treibenes Element des Wirtschaftsbösen, egal unter welchem Deckmantel dort agiert wird. Ich zähle auch Kirchen dazu!

Schlechter Einfluss formt den Menschen. Dieser ist nun in seiner Prägung negativ beeinflusste und formt wiederum. So kann Gut und Böse aus dem vorhandenen erwachsen, hier natürlich tendenziell eher das nicht so Gute. Warum erwartet ein bescheißender Staat die Ehrlichkeit des getretenden Volkes, wo er doch den Betrug der Großen an den Kleinen, den Untertanen, braucht um sich in seiner nie aufhörenden Gier endlos zu bereichern. Oder was ist eigentlich Kapitalismus? Reich und Arm ohne Mittelstand. Der Reiche muss dem Armen nur das Überleben sichern, solange wird das System des Kapitalismus existieren. Nach Marx müssen hier dem Arbeiter nur die Mittel zur Verfügung gestellt werden, die zu seinen eigenen Überleben und zur Reproduktion nötig sind. Das ist momentane Wirklichkeit. Wacht auf!!! Doch genau so, wie die Ausbeutung vorhergesehen wurde, wurde auch die Wehr gegen diese Ausbeutung und das Aufleben der Einzelnen gegen die dann verschwindende Übermacht gesehen.

Nein, ich sage: besinnt euch darauf zu sehen, dass alles Menschen sind, egal welcher Rasse, Religion oder anderer Differenzialität. Einheit schafft die Ruhe und den Sinn die wirklichen Probleme zu sehen und zu erkennen, was läuft tatsächlich falsch. Spaltung der Menschen ist Ablenkung, Erzeugung künstlicher Problematiken. Besinnt euch. Es gilt zu fragen, wem nutzt diese Ablenkung???

Es gibt keine Geburtsrechte auf irgendetwas und niemand hat das Recht Wasser, Land oder Luft zu verkaufen oder zu besteuern.

Habt den Mut aufzustehen und gemeinsam zu sagen, dass es nicht richtig ist was geschieht, niemand hat das Recht zu töten oder zu nehmen was ihm nicht gehört.

Auch keine Regierung.

Die Möglichkeit zur uneingeschränkten Entscheidung Ended mit der beginnenden Verletzung der Freiheit des anderen ... Tatsächlich haben wir es mit uns machen lassen, dass andere 2 Schritte darüber hinaus gegangen sind.

Was ist Demokratie, wenn das Volk nicht einbezogen wird und nur Abgeordnete mit dicken Portemonais, gefüllt durch die Wirtschaft, darüber entscheiden, was dem kleinen Volke bleiben soll...

Was ist Demokratie ohne Volksentscheid, so, als stimmten 4 Wölfe und ein Schaf darüber ab, was es denn heute zum Essen gäbe. Es ist eine Fas, um mit den Worten von Alex zu sprechen.

Doch wir sind nicht mal ein Schaf, es gibt gar keine Stimme, und Politik bleibt Wirtschaft, so als legalisiere man im Rahmen der Jugendpolitik weiche Drogen und erhebe, nur zum Schutz der Jugend davor, hohe Steuern. Das kann doch nur Verarschung sein.

Konsumeinschränkung??? Liegt es in der Natur der Droge das sie abhängig macht und ist es nicht mehr ein Ausnutzen von Schwäche als ein Schutz davor???

Was ist ein Staat mit indirekter Demokratie, wirtschaftliche Interessengemeinschaft ohne Opposition... Wo bleibt die APO???

Was bedeutet Demokratie: Volksherrschaft, auch wenn es in diesen Tagen wie ein Witz klingt, es ist real unser Recht selbst zu bestimmen...

Steht auf!!!

Nachwort

Der erste Versuch wurde vor der Beendigung meiner Schullaufbahn eingereicht.

Die erste Auflage war, zu meiner vollkommenden Überraschung, weder korrigiert, noch wurden die Graphiken wie gewollt getauscht.

Es war und ist eine absolute Katastrophe.

Nicht das ich meinte der 2. Versuch gereicht zur Perfektion, immerhin aber gibt es diesmal mehr Seiten als Fehler pro Seite, was hoffen lässt.

Wenn nicht sollte dieses Werk beispielhaft dazu dienen können, wie selbst ein Analphabet ein Buch hinbekommt (mit etwas Schwarz zwischen den Bildern).